# Peldaños

## BIENVENIDO A BRASIL

### ALREDEDOR DEL MUNDO

# En el bosque tropical

*por David Holford*

Brasil es el país más grande de Sudamérica. Aproximadamente, la mitad de Brasil está cubierta por el **bosque tropical** más grande de la Tierra, el bosque tropical Amazonas. Los bosques tropicales son cálidos y húmedos. Tienen muchos tipos de animales y plantas. Si vivieras en un bosque tropical, siempre deberías llevar un paraguas, ya que llueve casi todos los días.

El bosque tropical de Brasil recibe su nombre del río Amazonas. Este río serpentea entre los árboles del bosque por muchas millas.

El bosque tropical Amazonas es el hogar de peces extraños. La anguila eléctrica es un pez que parece una serpiente. Su cuerpo almacena electricidad. ¡Ataca a sus enemigos con descargas eléctricas!

En el bosque tropical Amazonas viven más tipos de plantas y animales que en cualquier otro lugar del mundo. La mayoría de los animales vive en el **dosel**. El dosel es la capa de ramas y hojas de la parte superior del bosque. Monos que chillan, loros coloridos y muchos otros animales viven en el dosel. Muchos de ellos nunca tocan el suelo del bosque.

# Un hogar en el bosque

Muchas **tribus** viven en el bosque tropical Amazonas. Una tribu es un grupo de personas que comparte la misma lengua y creencias. Las personas de algunas tribus trepan a los árboles y cazan los animales del bosque. Una de estas tribus son los yanomami.

Los yanomami viven en aldeas en todo el bosque. Varias familias viven juntas. Comparten casas grandes y redondas construidas con enredaderas y hojas. Los hombres y los niños más grandes cazan monos, aves y otros animales para alimentarse. Cazan con arcos y flechas envenenadas.

Los hombres y las mujeres yanomami siembran huertos para alimentarse. Los hombres talan árboles y otras plantas en áreas pequeñas. Luego incendian las cortezas. El incendio despeja la tierra y deja espacio para los huertos.

Una vez que se ha hecho el despeje y el incendio, las mujeres siembran y cuidan los cultivos. El trabajo de las mujeres es difícil y muy importante. Gran parte de los alimentos de la tribu provienen de los huertos.

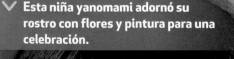

Esta niña yanomami adornó su rostro con flores y pintura para una celebración.

En vez de tener un gato o un perro como mascota, este joven yanomami tiene dos periquitos.

4

Este niño recogió estas bananas de un árbol. Las plumas sobre su cabeza son de loro. Los yanomami obtienen del bosque tropical todo lo que necesitan para vivir.

5

∧ Mono ardilla

∧ Guacamayo rojo y verde

∧ Serpiente anaconda verde

∧ Perezoso de tres dedos

∨ Oso hormiguero gigante

∨ Delfín rosado de río

# Respeta el bosque tropical

Los yanomami tratan bien al bosque tropical Amazonas. El bosque les da lo que necesitan para vivir. Usan plantas y animales como alimento, ropa y para construir casas. Pero los yanomami solo toman lo que su familia necesita para sobrevivir. Saben que si toman más de lo que necesitan harían daño al bosque tropical.

Muchos brasileños que viven fuera del bosque tropical sienten lo mismo que los yanomami. Trabajan mucho para proteger el bosque tropical de las personas que lo talan. La tala del bosque tropical destruye los hogares de los animales. También se desperdician muchas plantas que crecen allí. Algunas de estas plantas se usan para hacer medicinas que salvan vidas.

Las personas que vacacionan visitan el bosque tropical Amazonas para ver los altos árboles y los coloridos animales. Estas personas también pueden ayudar a proteger el bosque tropical. Pueden ser cuidadosos para no dejar rastros de su paso por el bosque, como los yanomami.

Rana mono arborícola de patas atigradas

**Compruébalo** ¿Por qué es importante el bosque tropical Amazonas para quienes viven en Brasil y visitan el país?

# ¡Vamos al Carnaval!

*por Hugh Westrup*

> Durante cada día del Carnaval, más de
> 2 millones de personas se reúnen en las calles
> para celebrar. ¡Esa es una gran fiesta!

# Es hora de celebrar

Imagina el Cuatro de Julio, el Súper Tazón y Halloween todo en uno. En Brasil se celebra algo así todos los años durante el **Carnaval**. Llaman al Carnaval "la fiesta más grande del planeta".

El Carnaval está lleno de espectáculos asombrosos. También está lleno de música que nos hace mover los pies. Durante cuatro días, las personas se olvidan del trabajo y la escuela. Comen sus alimentos favoritos y se visten con disfraces coloridos. Bailan al ritmo de la música de bandas al aire libre.

En la ciudad de Río de Janeiro, el momento destacado del Carnaval es el desfile de carrozas. Una carroza es una plataforma sobre ruedas decorada remolcada por un carro. Cada carroza está construida por una de las escuelas de **samba** de la ciudad. La samba es un estilo de danza y un tipo de música. Pero una escuela de samba no es un lugar donde se va a aprender. Es un club formado por vecinos. Cada escuela de samba hace una carroza divertida y colorida para el Carnaval.

> Las personas pasan miles de horas pintando una carroza. También usan esa cantidad de galones de pintura.

∧ Un hombre hace una flor enorme para una carroza. Esta flor es una pequeña parte de una gran carroza.

10

∧ ¡Qué bueno que los saltamontes no son así de grandes en la vida real!

# Carrozas secretas

Las escuelas de samba trabajan todo el año en la preparación para el Carnaval. Una vez que el Carnaval termina, comienza la planificación para el año siguiente. Cada escuela de samba tiene un **tema**, o idea principal, para su carroza. Un tema puede ser sobre un lugar especial en Brasil, como el bosque tropical Amazonas.

Las carrozas son grandes. Se arman dentro de edificios enormes. Muchas personas trabajan juntas para construir una carroza. Para una carroza que muestra el bosque tropical Amazonas, los carpinteros pueden construir una gran embarcación fluvial. Los artistas pueden hacer animales del bosque tropical con tela y alambre. Pueden hacer flores con papel y pegamento. Todo lo que se relaciona con la carroza se mantiene en secreto hasta el Carnaval. ¡Cada escuela de samba quiere que su carroza sea una sorpresa!

# ¡Levántate y baila!

La música de samba tiene rápidos golpes de tambor y trompetas alegres. Cuando oyes esta música, ¡es imposible no bailar! Cada escuela de samba elige una nueva canción de samba todos los años para el Carnaval. Los bailarines bailan esta canción durante los desfiles. Antes del Carnaval, los bailarines practican sus movimientos hasta que están preparados para mostrarse a la multitud.

Se necesitan muchas personas para hacer los disfraces que usan los bailarines y los músicos en el Carnaval. Cada traje se hace a mano. Durante muchos meses, las máquinas de coser zumban en las casas. Seis millas de tela, miles de plumas y millones de adornos llamados lentejuelas componen los disfraces para el Carnaval.

Los colores de los disfraces son brillantes. Pueden ser de color rojo encendido, amarillo canario, rosado impactante o azul pavo real. Pero los disfraces deben ser frescos y cómodos. El Carnaval se realiza a fines de febrero o principios de marzo, la época más calurosa del año en Brasil.

> Estos bailarines usan disfraces de mariposa. Como están elevados por sobre los otros artistas, parece como si estuvieran volando.

A esta mujer la llaman "Reina de los tambores". Es quien dirige a los tamborileros en el desfile.

Los bailarines actúan en grupos llamados *alas*. Cada ala tiene hasta 100 bailarines. Todos los integrantes del ala usan el mismo disfraz.

Una carroza se abre paso a través de una multitud eufórica en el Sambódromo. Cuarenta jueces deciden cuál es la mejor carroza.

# El momento del desfile

Durante el Carnaval, las escuelas de samba exhiben su esfuerzo en un lugar llamado **Sambódromo**. Este enorme establecimiento no tiene techo. Es como un escenario al aire libre. Un largo camino se extiende por el medio del establecimiento. Los jueces y las multitudes se sientan en gradas a ambos lados del camino. Cuando cada escuela de samba ingresa al Sambódromo, la multitud aplaude y vitorea.

Las dos últimas noches del Carnaval, actúan las 12 mejores escuelas de samba. Cada escuela tiene 80 minutos para actuar para los jueces y la multitud. Primero, la bandera de la escuela ingresa al Sambódromo. Los tamborileros entran con una estridente onda sonora de sus instrumentos. Luego los bailarines se sacuden y giran al ritmo de la música de la banda. Parecen aves coloridas.

Por último, las carrozas ingresan al Sambódromo. La multitud se vuelve loca. Esto es lo que esperaban. Solo una escuela de samba puede ganar el concurso de carrozas. Pero no importa qué escuela gane, los habitantes de Río de Janeiro han demostrado su talento e imaginación. ¡Han realizado uno de los mejores espectáculos de la Tierra!

**Compruébalo** ¿Cómo trabaja en conjunto una comunidad durante el Carnaval?

# Cómo obtuvo su saco Escarabajo

relato de Jenny Loomis

ilustraciones
de Cecilia Rébora

Hace mucho tiempo, diferentes culturas inventaban cuentos para explicar lo que veían en la naturaleza. ¿Por qué el elefante tiene la trompa larga? ¿Por qué el mosquito zumba? ¿Por qué el cielo es azul? En estos cuentos se suelen usar animales que hablan para enseñar lecciones sobre cómo comportarse. En este cuento popular de Brasil, descubrimos cómo el escarabajo brasileño obtuvo su colorido saco.

Una tarde calurosa, Escarabajo salió a caminar por el bosque tropical. Le encantaba observar las orquídeas después de que la lluvia matutina se detenía. Mientras caminaba lentamente por un camino de tierra, sonreía ante los colores brillantes de las bellas flores. Sus suaves pétalos tenían cada tono del arcoíris. Le gustaban especialmente los azules brillantes y los verdes lima profundos. Escarabajo observó su propio saco marrón opaco. Se lamentó: "Ojalá mi saco fuera tan colorido como las orquídeas".

De repente, Escarabajo oyó un chapoteo que provenía del río. Giró y vio que Rata nadaba en dirección a él. Salió del agua de un salto y dijo: —¡Pobre Escarabajo! ¡Qué lento que caminas! Hacer cualquier cosa te debe tomar una eternidad. Qué pena que no te parezcas a mí. Me muevo tan rápido que te dejo la cabeza girando. ¡Mira!

Escarabajo puso los ojos en blanco y siguió caminando. Le parecía mejor ignorar a Rata cuando comenzaba a presumir.

A Rata no le gustaba que lo ignoraran.
Corrió a toda velocidad por el camino
y levantó tierra. Dio una vuelta
acrobática sobre la raíz de un árbol
para lucirse. Luego dio la vuelta y
regresó corriendo donde Escarabajo.
—¡JA! Eso fue bastante asombroso, ¿no
crees, Escarabajo?

Esto enojó a Escarabajo. Estaba a punto
de decirle a Rata que no molestara,
cuando oyó una voz que provenía
de un lugar alto sobre el camino:
—Bastante asombroso, por cierto, Rata.

Escarabajo y Rata estaban
sobresaltados. Miraron hacia
arriba para ver cómo Loro sonreía
burlonamente y los miraba desde la
copa de un árbol de plátanos.

—Tu rapidez me ha dado la idea de hacer una carrera. El premio
será un bello saco del color que desee el ganador. ¿Les interesa?
—preguntó Loro.

Rata saltó con entusiasmo. —Oh, ¡es magnífico! ¡Finalmente voy
a tener un saco negro brillante como Pantera! Nadie se da cuenta
de lo rápido que soy porque mi saco marrón y blanco es muy
aburrido. Una vez que tenga un saco negro, los otros animales me
prestarán la atención que merezco. Comencemos la carrera
—rechinó Rata.

La idea de tener un nuevo saco colorido también alegró a
Escarabajo, que también estuvo de acuerdo con la carrera.

—¡Fabuloso! El primer animal que llegue a ese nogal grande es el ganador. ¿Listos? ¡YA! —gritó Loro.

Rata corrió tan rápido como pudo sin mirar hacia atrás. Se la pasó pensando en lo apuesto que se vería con su nuevo saco negro. Hizo una danza de alegría cuando llegó al árbol. Buscando a Loro con la vista, Rata anunció: —¡Gané, Loro! ¡Quiero mi saco negro brillante ahora!

Rata miró hacia arriba, observó el nogal y no pudo creer lo que vio. Sentado junto a Loro estaba Escarabajo con un saco azul y verde resplandeciente.

—¿Cómo llegaste allí tan rápido, Escarabajo? No te vi pasarme —preguntó Rata enojado.

—Volé hasta aquí —respondió Escarabajo.

—¿Volaste? ¡No sabía que podías volar! —gritó Rata.

Rata, no sabes nada de mí. Solo me hablas para burlarte de mí —explicó Escarabajo—. Creíste que me veía lento y desvalido. Pero te equivocaste.

Rata pateó el nogal con enojo y se desprendió una nuez de Brasil, que le cayó sobre la cabeza.

Desde ese día, Escarabajo lleva orgullosamente su elegante saco azul y verde en el bosque tropical. Es colorido como las orquídeas que tanto le gustaban.

Rata se quedó su mismo saco viejo, pero cambió en otros sentidos. Rata dejó de juzgar a los otros animales por su aspecto, especialmente con los que creía que algún día tendría que competir.

**Compruébalo** ¿Por qué Rata creía que Escarabajo no podía ganar la carrera?

## Comenta

1. ¿Qué conexiones puedes establecer entre los tres artículos que leíste en este libro?

2. ¿De qué formas dependen los yanomami del bosque tropical Amazonas? ¿Qué le podría suceder a su modo de vida si el bosque tropical no estuviera protegido?

3. Comenta sobre la tradición del Carnaval en Brasil. Describe en qué se parece una tradición de tu país al Carnaval.

4. En los cuentos populares se usan animales para enseñar lecciones sobre cómo comportarse. ¿Qué lecciones aprendiste al leer este cuento popular?

5. ¿Qué te sigues preguntando sobre la vida en Brasil?